Emotionale Intelligenz

AF201085

ist
erlernbar

Johannes Euler

⏺ INHALT

Einleitung

Kaum ein Thema berührt den Menschen mehr als die Fähigkeit, die Gefühle des anderen zu verstehen. Was so einfach klingt, ist bis heute mitunter eines der schwersten Unterfangen überhaupt. Wie oft haben Sie sich schon missverstanden gefühlt? Wie oft hatten Sie schon das Gefühl, bei einem Menschen völlig danebengelegen zu haben, und wie oft dachten Sie, Sie gäben einer Person das, was ihr zusteht, und dabei ist diese völlig unzufrieden damit, wie Sie mit ihr umgehen? Stellen Sie sich folgende Situation vor:

„Stefan sitzt bei seiner Arbeit in einer

Teamsitzung. Er ist es gewohnt, seine Meinung immer kundzutun und gerade heraus zu sagen, was er von dies oder jenem hält. Stefan ist mit dem Glauben aufgewachsen, dass bedingungslose Ehrlichkeit der Schlüssel zum Erfolg ist. Oft wurde er in der Vergangenheit auch schon für seine offene und ehrliche Art geschätzt. Daher sagte er auch bei der Vorstellung des aktuellen Projektes, was er davon hielt.

Er machte keinen Hehl daraus, dass er noch viele Lücken sah und das zuvor vorgestellte Konzept in dem Projekt nicht wirklich umgesetzt wurde. Als er genauer erklären wollte, was konkret er damit meinte, sprangen ihm auch schon die Ersten ins Wort und verneinten vehement, was er zum Ausdruck brachte. Auch von seinem sonst so einsichtigen und kritischen Chef erhielt er keine Unterstützung. Dieser lobte das Projekt und winkte es zur Durchführung durch. Stefan verstand nicht, was los war. Sonst gaben doch alle so viel auf seine Meinung. Er fühlte sich nicht wertgeschätzt.

Er suchte das Gespräch mit seinem Chef, der sich Stefans Bedenken und seine auftretende Unsicherheit anhörte. Er versicherte Stefan, dass er an sich recht habe, aber viel zu direkt seine Argumente hervorbrachte. Dem Chef war es danach nicht wirklich möglich gewesen, Stefans Kritik abzumildern, da er diese schon viel zu scharf zum Ausdruck gebracht hatte. Stefan konnte mit der Kritik nicht wirklich etwas anfangen.

Also riet ihm sein Chef, zur Kollegin zu gehen, die mitverantwortlich für das Projekt war. Als Stefan mit dieser reden wollte, stieß er zunächst auf Widerstand. Sie wollte ihn damit abwimmeln, dass sie zu viel zu tun habe. Als er jedoch nicht klein beigab, erklärte diese, dass er sie vor allen bloßgestellt hatte. Statt seine Kritik zu dosieren, hatte er ihr Projekt niedergeschmettert. Die Arbeit von mehreren Monaten kam ihr nun völlig umsonst und schlecht umgesetzt vor. Dabei hatte sie sich so viel Mühe gegeben. Stefan war völlig überrascht über den Ausdruck ihrer Gefühle. Er war immer davon ausgegangen, dass alle seine Absicht verstehen würden. Ihm ging es immer nur um das Wohlergehen der gesamten Kollegschaft.

Er vertrat dabei keine bösen Absichten. Er entschuldigte sich bei der Kollegin und gelobte, beim nächsten Mal seine Kritik vorsichtiger zu formulieren. Stefan musste lernen, dass seine direkte Art von

anderen Menschen als Angriff wahrgenommen werden kann. Dies führte ihn dazu, zu hinterfragen, wie
und was er tun konnte, um in Zukunft in kein Fett-
näpfchen mehr zu treten."

Emotionale Intelligenz soll es möglich machen,
auf genau solche Probleme aufmerksam zu machen.
Hier soll daher das Thema der emotionalen Intelligenz einen umfassenden Raum bekommen. Was
macht die emotionale Intelligenz aus? Was ist das
Besondere an ihr? Welche Fähigkeiten können Sie
bewusst trainieren, um von Ihrer emotionalen Intelligenz Gebrauch zu machen? In welchen Lebensbereichen ist es besonders notwendig, an Ihren emotionalen Stärken und Schwächen zu arbeiten? Sind
Empathie und emotionale Intelligenz denn wirklich
erlernbar? Wie können Sie Ängste, Stress und Wut
abbauen? Worauf müssen Sie achten, wenn Sie von
Ihrer Empathie Gebrauch machen?

Emotionale Intelligenz

Der Begriff der emotionalen Intelligenz ist erstmals in den Neunzigern von den Persönlichkeitspsychologen John D. Mayer und Peter Salovey verwendet worden. Ziel der beiden war es, die Bedeutung der Nutzbarmachung von Emotionen im Beruf und im persönlichen Leben herauszustellen.

Kurzbiographien

John D. Mayer ist ein US-amerikanischer Psychologe. Er lehrt an der University of New Hampshire. Er hatte gemeinsam mit Peter Salovey in den 90ern den Ansatz der emotionalen Intelligenz begründet und den sogenannten „Mayer-Salovey-Caruso Emotional Intelligence Test (MSCEIT)" geschaffen. Dieser Test erlaubt es, emotionale Intelligenz (ähnlich wie klassische Intelligenztests) zu messen. Er widmet einen Großteil seiner Forschung der emotionalen Intelligenz.

Peter Salovey ist ein US-amerikanischer Sozialpsychologe. Er lehrt an der Yale University. Gemeinsam mit John D. Mayer hat er das Konzept der emotionalen Intelligenz geschaffen. Richtig bekannt wurde dieses Konzept aber erst durch Goleman. Seine Schwerpunkte hat er auf die Gefühle und auf das Gesundheitsverhalten von Menschen gelegt. Er forschte unter anderem dazu, wie gute und effiziente Gesundheitsaufklärung aussehen sollte (vor allem zu Krebs und HIV/AIDS). Er ist Mitglied der American Academy of Arts and Science (eine der ältesten Ehrengesellschaften der USA).

Besonders geprägt hat den Begriff der US-amerikanische Psychologe Daniel Goleman. In seinem 1995 erschienenen Buch „EQ. Emotionale Intelligenz" thematisiert er unter anderem die Kompetenz, Gefühle auszudrücken. Dies lässt sich besonders gut an Kindern und Jugendlichen veranschaulichen. Seinen Ansichten nach reiche es nicht aus, nur die reine Intelligenz zu messen und zu fördern. Vielmehr benötigen Menschen im Alltag eine sogenannte „Gefühlskompetenz".

Diese ermöglicht und entscheidet oft darüber, ob Menschen in ihrem Leben Erfolg haben oder nicht. Das Konzept der emotionalen Intelligenz macht vor allem auch auf die unzureichende emotionale Förderung durch Familien, Schulen und Institutionen aufmerksam. Dies zeige sich anhand verschiedener Probleme, die vor allem während der Pubertät auftauchen und vermieden werden könnten. Dazu zählen beispielsweise Amokläufe, kriminelle Jugendbanden, Mobbing offline und online, die Erfahrung mit diskriminierendem und rassistischem Verhalten, eine früh eintretende Abhängigkeit von Drogen (Flatrate Partys, Goldschuss, die zunehmende Einnahme von Marihuana und Komasaufen) und frühe Schwangerschaften. Es gibt noch zahlreiche weitere Beispiele, die aufzeigen, dass Kindern und Jugendlichen bereits früh die Fähigkeiten vermittelt werden müssen, Emotionen auszudrücken und die der anderen realistisch einzuschätzen. Es geht dabei aber nicht nur um das reine Ausdrücken von Gefühlen, sondern auch darum, wie Gefühle im Kontext mit anderen vermittelt, genutzt und reflektiert werden. Der bewusste Umgang mit Gefühlen wird auch als „Gefühlsvernunft" beschrieben. Goleman führte im Rahmen dessen eine Unterteilung in verschiedene Teilbereiche durch. Diese werden hier zum besseren Verständnis in einer Tabelle dargestellt.

Selbstwahrnehmung von Emotionen	Sie haben Ihre eigene Wahrnehmung von sich selbst und Ihren Gewohnheiten. Sie nehmen wie jeder andere Mensch Ihre Gefühle anders wahr – der eine mit mehr Aufmerksamkeit, der andere nimmt sie wiederum weniger wahr. Nach Goleman achten Frauen auf ihre Gefühle tendenziell mehr als Männer. Es geht nicht nur um das direkte Wahrnehmen und Fühlen eines Gefühls. Es geht dabei auch um Gedanken, die mit diesem Gefühl einhergehen und die es Ihnen erlauben, darüber eine Entscheidung zu treffen. Diese Fähigkeit ist elementar für die Selbstregulation von Emotionen. Oft begegnet es Ihnen in Form des

	sogenannten „Bauchge-fühls". Die meisten Menschen können oft nicht direkt begründen, warum Ihnen nicht wohl bei einer Sache ist. Später, wenn Sie dies reflektieren, finden Sie triftige Gründe. Das liegt am Bauchgefühl.
Selbstregulation von Emotionen	Mit diesen Fähigkeiten schaffen Sie es, „ungemütli-che" Gefühle halbwegs unter Kontrolle zu bekommen. Sie können selbst nicht bestimmen, welche Gefühle Sie einholen, Sie können aber bestimmen, wie stark diese einen Einfluss auf Ihre Entscheidungen ausüben. Wenn Sie beispielsweise wütend werden, können Sie Ihre Wut im Zaun halten, indem Sie sich von

verstärkenden Reizen rechtzeitig abschirmen. Es geht dabei vor allem um das sogenannte Framing. Sie müssen selbst die Muster, unter denen immer wieder die Gefühle auftauchen und sich intensivieren könnten, hinterfragen. Schließlich wird Ihnen auffallen, dass sich dahinter eine Verflechtung von sich wiederholenden Entscheidungen und Verhaltensweisen versteckt. Wenn bestimmte Informationen öfter auftauchen, sendet das Gehirn wieder denselben Reiz und eine Emotion wird freigesetzt. Durch diese Fähigkeiten werden Sie lernen, Ihre Gefühle besser abzuwägen und in einen anderen Rahmen zu setzen.

Einsatz und Fähigkeit zur Selbstmotivation	An dieser Stelle sollte Ihnen nun aufgefallen sein, dass Sie emotionale Intelligenz durchaus erlernen können. Diese Fähigkeit ermöglicht es Ihnen, über kognitive Fähigkeiten und Ihre Talente besser zu verfügen. Denn Gefühle können Ihre Motivation und Ihre Kapazität zum Lernen blockieren. Emotionen wie Angst können gar lähmen und den Blick auf sonst einfach zu bewältigende Aufgaben schier unmöglich machen. Es gibt aber auch Gefühle, die Ihre Leistungen und Fähigkeiten sogar noch steigern können. Vor allem Enthusiasmus, Freude und Eifer können Ihr Selbstvertrauen stärken. Auch negativ konnotierte Emotionen

	können in einem gesunden Verhältnis zu guten Ergebnissen beitragen. Wenn Sie Ihre Impulse kontrollieren und auch einmal auf Erfolg warten können, dann haben Sie es geschafft, eine ausgewogene Selbsteffizienz aufzubringen.
Erkennen von Gefühlen (Empathie)	Glauben Sie, es fällt Ihnen leicht, die Gefühle anderer zu deuten? Können Sie die Gefühle anderer spüren und herauslesen, bevor diese Ihre Gefühle überhaupt kommuniziert haben? Dann verfügen Sie über hervorragende empathische Fähigkeiten. Empathie ist kein schweres Unterfangen. Das Geheimnis dahinter verbirgt sich nicht in der Kenntnis des anderen, es

verbirgt sich vielmehr in der Selbstkenntnis. Je besser Sie sich selbst kennen, desto besser werden Sie auch den anderen einschätzen und verstehen können. Das bedeutet, eine essentielle Eigenschaft muss gegeben sein: Ihre eigene emotionale Ausgeglichenheit. Empathie ist keine Hauptdeterminante für Erfolg, aber Empathie kann auf dem Weg zum Erfolg sehr weiterhelfen, da Sie Ihre Mitmenschen besser verstehen und so einschätzen können, worauf diese hinauswollen.

Beeinflussung der Gefühle von anderen - Sozialkompetenz	Wichtig für Ihre Beliebtheit und den zwischenmenschlichen Kontakt ist es, wie gut Sie Ihre Gefühle unter Kontrolle haben. Es geht dabei aber nicht nur um Ihre eigenen, sondern auch darum, wie Sie mit den Gefühlen der anderen umgehen. Auch hier ist wieder entscheidend, wie stark Sie mit sich selbst im Reinen sind, wie stark Sie Ihre eigenen Impulse kontrollieren können und wie Sie Ihre Bedürfnisse kommunizieren. Ob Sie Ihre Gefühle richtig vermitteln oder nicht, entscheiden oftmals auch äußere Normen und Werte, die in jeder Kultur unterschiedlich sein können. Wenn Sie von Sozialkompetenz sprechen, fällt oft auch

ein anderer Begriff, die sogenannte „interpersonale Intelligenz". Hinter diesem Begriff verbergen sich verschiedene Fähigkeiten, unter anderem Resilienz, Selbstzuspruch, Verhandlungskompetenzen und eine gute Kommunikationsfähigkeit.

(vgl. Goleman, 1995)

Was macht emot. Intelligenz aus?

In diesem Kapitel sollen die Besonderheiten der emotionalen Intelligenz herausgestellt werden. Was macht diese aus? Wobei kann Sie Ihnen helfen? Was unterscheidet sie von anderen Konzepten? Wie gut ist sie erlernbar und anwendbar?

Sie haben vorhin erfahren, warum die emotionale Intelligenz in der Praxis immer wieder Gegenstand von Untersuchungen ist und warum mit dieser die Entwicklung von Kindern und Jugendlichen festgehalten werden soll. Selbst Konzernchefs verschiedener großer Firmen lassen sich regelmäßig in der Selbstkompetenz schulen und führen Workshops dazu mit Ihren Mitarbeitern durch. Doch was bringt nun die emotionale Intelligenz Ihnen persönlich? Emotionale Intelligenz kann, wie Sie bereits durch die Tabelle über die einzelnen Bereiche der emotionalen Intelligenz gelernt haben, zu Erfolg führen – zu Erfolg im Beruf, aber auch zu Erfolg im persönlichen Leben. Wenn Sie im Beruf also ein hohes Maß an emotionaler Intelligenz mitbringen, kann Ihnen dies zu Erfolg verhelfen.

Denn Sie wissen, wie Sie mit anderen umgehen müssen und was Sie mitbringen müssen, um eine Führungspersönlichkeit zu sein. In Ihrem Privatleben kann es Ihnen helfen, Konflikte in der Familie mit mehr Harmonie auszutragen und konstruktiver auf Argumente anderer einzugehen. Sie werden besser zuhören und einfacher verstehen, worum es dem anderen geht. Sie werden die Erwartungen an andere herunterschrauben und den anderen nicht zu stark nur noch in einer Rolle sehen. Sie lernen damit, auch Menschen um sich herum zu haben, die besser für Ihr eigenes Wohlbefinden und Ihre Bedürfnisse sind. Die Menschen werden Sie mehr schätzen und die Beziehungen, die Sie führen, werden wohlbedacht und tiefgehend sein – ob nun in der Freundschaft oder in der Liebe. Sie kümmern sich mehr um sich selbst und lernen daher, was Sie brauchen, um zufriedener und ausgeglichener Ihr Leben zu führen.

Gefühle vs. Emotionen?

Sind Sie an dieser Stelle verwundert, dass Emotionen und Gefühle nicht ein und dasselbe sind? Dies geht den meisten Menschen so. In der Psychologie werden diese Begriffe jedoch unterschieden. Viel öfter sprechen wir im alltäglichen Sprachgebrauch von Gefühlen.

Der portugiesische Neurowissenschaftler António Rosa Damásio verbindet die Vernunft mit der Voraussetzung, Gefühle zu empfinden. Der Grund dafür ist biologischer Natur, denn Empfindungen bedeuten, die Reizwahrnehmung des Körpers zu verarbeiten. Der Körper dient als System für den Bezug neuronaler Abläufe. Die Reize, die Sie mit Ihrem Körper wahrnehmen, werden über Neurotransmitter (Botenstoffe) in Millisekunden dem Gehirn übermittelt. Sogenannte Körpersignale aus dem Gedächtnis, welches Emotionen enthält, helfen dabei, in Millisekunden eine Situation zu bewerten. Dadurch wird es Ihnen ermöglicht, Ihr Verhalten gezielter zu steuern und nicht in Gänze fremdbestimmt zu sein. Verstehen Sie also Ihre Emotionen als eine Art Apparat – ein Apparat, der Freude, Mitgefühl, Wut, Angst, Bewunderung, Verachtung und Neid beinhaltet. Diese sind als kurze Irritationen des neuronalen Systems zu verstehen.

Dahinter steht ein evolutionäres Prinzip, das den Menschen dazu bewegt, in Lebenssituationen so zu handeln, dass er sein eigenes Überleben sichert. Daher kommt zuerst die Reizwahrnehmung, schließlich die Ankunft der Informationen im Gehirn und am Ende die Reaktion in Form einer Emotion. Die angekommenen Informationen setzen den Reiz, um bestimmte Gehirnareale zu aktivieren. In diesen Arealen werden die Emotionen freigesetzt. Falls Sie sich für die Anatomie des Gehirns interessieren: In den

Basalganglien und in dem cerebralen Cortex findet die hauptsächliche Produktion von intensiven Emotionen statt. Jetzt verstehen Sie in etwa, was im Körper biologisch gesehen vorgeht, wenn Emotionen entstehen. Was ist nun der Unterschied zwischen Emotionen und Gefühlen? Emotionen sind die biologischen Veränderungsprozesse im Körper oder einfach ausgedrückt: Sie setzen den Körper in Bewegung (Angst, um zu flüchten; Wut, um zu kämpfen usw.). Gefühle sind dagegen Erfahrungen, die Sie durch die eben beschriebenen körperlichen Reaktionen erfahren. Sie sind also stärker an den Verstand geknüpft. Gefühle sind beispielsweise Enttäuschung oder Verzweiflung. Dahinter verbirgt sich ein Gemisch aus Gedanken und Emotionen (Angst vor dem Versagen, Stress, Wut). Nach Damasios werden sie von jenen Teilen des Gehirns hergestellt, die Ihren Geist ausmachen.

Emotionen sind lebensnotwendig, um in Sekundenschnelle Entscheidungen zu treffen. Besonders die Tierwelt gibt einen guten Einblick darauf. Tiere empfinden auch Emotionen. Wenn Ihnen eine Gefahr droht, schafft Angst den Antrieb zur Flucht. Als evolutionär verursachte Hilfsinstrumente nutzen

Tier und Mensch sie auf beeindruckende Art und Weise in jeder Entscheidung ihres Lebens. Der Mensch hat einen stärkeren Einfluss auf seine Emotionen. Dies ist vor allem kulturell und soziologisch begründet. Im Laufe des Lebens lernt der Mensch, seine Emotionen auch besser zu beeinflussen. Sie lernen, Ihre Angst im Zaun zu halten, indem Sie sich positive Gedanken ins Gedächtnis rufen. Sie lernen, dass Sie keine Angst zu haben brauchen, weil Sie bei Gefahr mit Unterstützung (Polizei) rechnen können. Damit führen Sie Ihrem Gehirn andere Informationen zu. Ihr Wille kann Ihnen dabei helfen, negativen Emotionen bewusst entgegenzuwirken. Denn Willensstärke setzt das Bewusstsein voraus, Gefühlen nicht ausgeliefert zu sein. Dadurch werden Ihre Emotionen verstärkt oder auch minimiert.

EQ VS. IQ – WELCHER INTELLIGENZBEGRIFF STICHT MEHR HERAUS?

In diesem Kapitel erfahren Sie, warum die definitorische Einordnung des EQs nicht immer ganz eindeutig ist und welche Ähnlichkeiten und Unterschiede zum klassischen Intelligenzbegriff bestehen.

Die Frage, welcher Intelligenzbegriff mehr heraussticht, ist nicht eindeutig zu beantworten. Während einige Forscher die emotionale Intelligenz vom klassischen Begriff der Intelligenz differenzieren wollen, verstehen andere wiederum die EI als eine Fortführung und Erweiterung des klassischen Intelligenzbegriffes. Denn Empathie und Charaktereigenschaften für bestimmte Rollenzuschreibungen werden im klassischen Begriff nicht mit aufgenommen. Im Grunde genommen ergänzen sich die Begriffe. Im Begriff der emotionalen Intelligenz verbergen sich oft auch andere kognitive Faktoren (z. B. Sprachkompetenz), die unter dem klassischen Intelligenzbegriff auftauchen.

Doch was macht den größten Unterschied aus? Der Begriff der emotionalen Intelligenz versucht, multiple Intelligenzen zu erklären. Fähigkeiten, die allein mit Denkaufgaben oder sprachlichen Übungen zu tun haben, waren nach dem US-amerikanischen Erziehungswissenschaftler Howard Earl Gardner unzureichend für die Testierung der Intelligenz eines Menschen. Demnach müssen verschiedene Fähigkeiten mit in die Testierung eingebracht werden (musikalisch-künstlerische, sportliche, handwerkliche usw.). So entstand auch der Gedanke der emotionalen Intelligenz.

Allerdings können allgemeine Intelligenztests gut voraussagen, wie erfolgreich eine Person sein wird oder nicht sein wird. Experten haben herausgefunden, dass es eine allgemeine „kognitive Grundfähigkeit" gibt. Diese hängt auch mit anderen Fähigkeiten zusammen. Damit bleibt im wissenschaftlichen Gebrauch der klassische Intelligenzbegriff nach wie vor elementar.

Im Grunde können Menschen mit einem hohen EQ am besten von ihrem IQ Gebrauch machen. Daher sind EQ und IQ eigentlich in der Praxis nicht zu stark zu differenzieren. Der EQ erweitert den IQ Begriff. Als angeboren gilt zu einem hohen Teil der klassische IQ, während der EQ im Laufe des Lebens noch weiter trainiert und erlernt werden kann. Die

Lernfähigkeit erklärt das Potential der emotionalen Intelligenz.

KRITIK AN DER EI

Wie jede andere Theorie steht auch die EI unter Kritik. Was es genau damit auf sich hat und inwieweit es die Nutzung von EI beeinflusst, erfahren Sie in diesem Kapitel.

Eine der größten Kritiken an der EI ist, dass ihre definitorische Eingrenzung schwammig ist. Nach Auffassung einiger Forscher sei die EI nichts Neues. Der Mensch wisse schon lange, dass er ohne Sozialkompetenz im Leben nicht weiterkomme. Die Theorie sei kein ausgereiftes, wissenschaftlich fundiertes Konstrukt. Es würde eher nach einem „how to" als nach einer Lehre der Tugend klingen.

Vertreter der EI wie Goleman, Salovey und Mayer hielten dagegen. Für ein geregeltes und überwiegend konfliktfreies Leben wird die EI essenziell, denn nur sie schafft die Kompetenz, langfristig das subjektive Wohlbefinden im Blick zu behalten. In der Wissenschaft wird der Begriff von vielen weiterhin so verwendet, wie er ist. Einige wiederum nutzen anstelle dessen den Begriff der „emotionalen Kompetenz" (im Englischen auch Ability EI) (vgl. Müller-Lobeck, 2018). Der Begriff der „emotionalen Kompetenz" unterscheidet sich nicht wirklich von der Definition der emotionalen Intelligenz. Es geht um den verstärkten Fokus auf folgende Fähigkeiten: der Identifikation, Regulation und Wahrnehmung von Gefühlen. Der Vorteil besteht nach Müller-Lobeck darin, dass es sich nicht zu stark mit anderen Persönlichkeitsmodellen (wie z. B. dem weltweit genutzten Persönlichkeitsmodell Big-Five) überschneidet.

Von einigen Forschern wurde der Begriff der EI ergänzt. Nun wird in der Wissenschaft auch häufig von „Mixed EI" gesprochen. Nicht nur der Ausbau von Fähigkeiten ist damit gemeint. Motivation, Moral und weite Teile der Persönlichkeit werden darunter aufgegriffen. Dieser Begriff kommt in der Praxis zahlreich in Verwendung. Vor allem in Schulen und Kindergärten werden Erhebungen durchgeführt, um die Persönlichkeitsentwicklung zu untersuchen. Wie gehen Kinder und Jugendliche mit Stressbewältigung um? Haben sie gelernt, ihre Meinung kundzutun und sich auch gegen vermehrten

Widerstand durchzusetzen? Können diese für ihre eigenen Entscheidungen Verantwortung übernehmen? Wie gut können sie ihre Emotionen beschreiben und den anderen verständlich machen? Der Begriff der „Mixed EI" beinhaltet aber auch Eigenschaften des klassischen Intelligenzbegriffes.

Mit diesem werden also auch allgemeine kognitive Fähigkeiten erhoben und untersucht. Allerdings ist es in der Praxis auch oftmals schwierig, allgemeine Aussagen über die emotionale Intelligenz zu fällen. Denn es ist oft schwierig, ein objektives Bild zu erheben. Die Befragung kann vor allem auf Seiten der Befragten durch die soziale Erwünschtheit verzerrt werden. Der Befragte gibt Antworten, von denen er meint, dass diese gewünscht sind und den Interviewer zufriedenstellen. Und auch die Befragung der Lehrenden und Pädagogen kann durch bestimmte Erziehungsstile und Stereotype verfälscht sein. Daher empfiehlt es sich nach Expertenmeinung, möglichst viele Personen zu einer Person zu befragen, um ein vollständiges Bild zu erhalten. So kann sichergestellt werden, dass auch in der Gesamterhebung ein valides Ergebnis herauskommt. Diese Herausforderungen bei der Erhebung erklären auch, warum die emotionale Intelligenz kritisiert wird. Der Begriff umfasst so viel, dass es schwierig ist, eindeutige Zusammenhänge zu bestimmen.

An dieser Stelle folgt keine direkte Kritik am Begriff der emotionalen Intelligenz, sondern die damit möglichen, negativ verbundenen Faktoren. Allem voran steht hier die Hilfsbereitschaft. Menschen mit hoher emotionaler Intelligenz neigen häufig dazu, im Übermaß zu helfen. Das kann aufgrund der ausgeprägten Empathie geschehen. Achten Sie daher darauf, ob Sie sich da in einem gesunden Rahmen bewegen. Es geht nicht darum, dass Sie Menschen Ihre Hilfe nicht mehr anbieten sollen, aber zu viel Hilfe kann Menschen abhängig von Ihnen machen oder dazu führen, dass Sie ausgenutzt werden.

Und ein weiteres Problem der intensiven Einfühlsamkeit ist, dass Sie den Stress und den Kummer der Menschen spüren und verinnerlichen. Es kann auf Sie abfärben. Daher ist es wichtig, immer zu wissen, dass es Sie nicht zu sehr trifft. Es gibt Emotionen, die von emotional intelligenten Menschen viel häufiger und intensiver gespürt werden. Fremdscham oder Peinlichkeit sind solche Emotionen.

Achten Sie also auf sich und überladen Sie sich selbst nicht mit den Gefühlen der anderen. Besonders problematisch kann es für Menschen werden, die in sozialen Berufen tätig sind. Besonders für das Leid der Menschen sind Menschen mit hoher emotionaler Intelligenz anfällig.

Sie sollten auch bedenken, dass Sie andere mit Ihren ausgeprägten Fähigkeiten nicht zu sehr beeinflussen sollten. Denn je besser Sie die Gefühle der anderen verstehen und für diese da sind, desto mehr könnten Sie diese von Ihnen abhängig machen.

Was Sie tun können, ist, gemeinsam mit Freunden an Ihrer eigenen Einschätzung zu arbeiten. Am besten setzen Sie sich in einer Gruppe mit drei bis fünf Personen hin. Auf Karteikarten notiert jeder drei Schwächen und Stärken der anderen und die eigenen. Schließlich erhält jede Person die für sie geschriebenen Karten. Deckt die Fremdwahrnehmung sich mit Ihrer Selbstwahrnehmung? Diskutieren Sie das gemeinsam aus. Was nehmen Menschen anders an Ihnen war als Sie selbst?

Ein häufiges Problem ist, dass Emotionen selten allein auftreten. Oft ist es eine Verschmelzung verschiedener Emotionen. Trauer oder Eifersucht bestehen aus einem Komplex von Emotionen (Wut, Angst, Schmerz etc.). Daher sollten Sie sich auf einen Zettel alle Emotionen aufschreiben, die Ihnen einfallen. Notieren Sie nun, welche zusätzlichen Emotionen mit diesen in Verbindung stehen oder häufig gemeinsam in Erscheinung treten. Sie können auch eine Sterneskala führen. Je mehr ein Gefühl zutrifft, desto mehr Sterne auf der Skala erhält es. Dies können Sie erst einmal für einen Monat führen. Welches Gefühl kommt dabei besonders häufig vor?

EMOTIONALE INTELLIGENZ IM BERUF

Wissenschaftler der Universitäten Bonn und Heidelberg haben gemeinsam mit US-amerikanischen Forschern 2010 eine Studie über den Zusammenhang von emotionaler Intelligenz und der Karriere der Probanden durchgeführt. Heraus kam, dass der direkte Zusammenhang von emotionaler Intelligenz und Karriere nur für Menschen gilt, die einen zusätzlichen Faktor mitbringen. Dieser Faktor ist Erfolgsstreben – es geht also um Menschen, die von Natur aus besonders karriereorientiert sind.

In den USA ist es bereits alltägliche Praxis, bei Einstellungstests die emotionale Intelligenz der Bewerber zu testen. In Deutschland dagegen spielt es nach wie vor eine noch nicht ganz so obligatorische Rolle. Bisher haben Studien eher die deutsche Perspektive auf die emotionale Intelligenz wiedergegeben. Bewerber mit einem höheren EQ sind nicht zwangsläufig erfolgreicher im Berufsleben als andere Bewerber.

Die Forscher haben allerdings auch herausgefunden, dass der Faktor allein auch nicht als Erklärungsfaktor ausreicht. Es kommt auch stark auf die intrinsische Motivation der Bewerber an. Nicht alle mit hoher emotionaler Intelligenz wollen unbedingt einer Karriere nachgehen, also wurde in dieser Studie als zusätzlicher Faktor Ehrgeiz mit aufgenommen. Wie sah die Durchführung der Studie nun konkret aus?

71 Betriebswirte bekamen verschiedene Lebensgeschichten zu lesen. Die Probanden sollten die Emotionen der Protagonisten beschreiben und einordnen. Empathie als einer der wichtigsten Faktoren der emotionalen Intelligenz sollte einen Eindruck darüber vermitteln, wie ausgeprägt die emotionale

Intelligenz der Probanden ist. Mithilfe eines Fragebogens über die Persönlichkeit der Befragten wurde zudem geprüft, wie stark der Ehrgeiz der Befragten ist. Zusätzlich wurde in einem Zeitzyklus von zwei Jahren das Gehalt der Teilnehmenden überprüft.

Und das Ergebnis zeigte, dass Probanden mit hoher emotionaler Intelligenz tatsächlich mehr Erfolg hatten. Allerdings nur, wenn Sie ein ausgeprägtes Erfolgsstreben aufwiesen. Und mit diesem Faktor sind die Ergebnisse auch signifikant und der Zusammenhang eindeutig gewesen.

Der Psychologe Dr. Gerhard Blickle stellte heraus, dass der Wille nach Karriere damit in den Faktor der emotionalen Intelligenz mit aufgenommen werden muss. Menschen, die über einen hohen Grad an emotionaler Intelligenz verfügen, befinden sich seltener in ungünstigen Situationen im Job. Die Reichweite der Entscheidungen und die Konsequenzen werden besser.

Denken Sie also darüber nach, was Ihnen für Ihre berufliche Laufbahn wichtig ist. Geht es Ihnen um Spaß? Geht es Ihnen um finanzielle Sicherheit? Geht es Ihnen um eine Führungsposition? Geht es Ihnen um Kreativität oder herausfordernde

Projekte? Dies ist mitunter essenziell, wenn Sie sich für einen Beruf oder auch eine Position in diesem entscheiden. Sie bestimmen selbst, ob Sie für eine Stelle geeignet sind oder nicht. Stellen Sie sich diese Frage nicht erst beim Bewerbungsgespräch oder wenn Sie den Job bereits bekommen haben. Ihre emotionale Intelligenz nützt Ihnen nur etwas, wenn es auch das ist, was Ihren Ehrgeiz weckt und Sie antreibt. Ohne einen wirklichen Antrieb werden Sie sich schnell langweilen und nicht das wirklich Richtige für sich gefunden haben. Dadurch können Sie dann auch nicht an Ihren Schlüssel- und Kernkompetenzen arbeiten. Genau das zeigt auch, warum es so wichtig ist, den klassischen Intelligenzbegriff um die emotionale Intelligenz zu erweitern.

Umsetzung der emot. Intelligenz

Im folgenden Kapitel werden Möglichkeiten zur Verbesserung der emotionalen Intelligenz und der Voraussetzung des eigenen Wohlbefindens aufgeführt. Wichtig ist dabei, dass es kein Patentrezept dafür gibt, wie Sie Ihre emotionale Intelligenz fördern. Die Ratschläge und Tipps sollen Ihnen dabei helfen, einen Überblick darüber zu bekommen, wo Sie ansetzen können. Nehmen Sie sich vor allem die Zeit dafür, genau darüber nachzudenken, was Sie ausmacht, was Sie belastet oder was Sie ändern möchten. Schaffen Sie sich selbst eine Routine für

Ihren persönlichen Reflexionsprozess. In der Regel dauert dieser etwa 30 Tage. Nur wenn Sie sich die Zeit nehmen, können Sie auch wirklich etwas langfristig verändern.

EMOTIONALE STÄRKE

Um zu verstehen, was emotionale Intelligenz bewirken kann, müssen Sie auch wissen, was emotionale Stärke auszeichnet. Denn nur dann wissen Sie auch, welche Eigenschaften Ihnen in Ihrem Leben besonders weiterhelfen können.

Oft fällt dabei auch der Begriff der emotionalen Widerstandsfähigkeit. Damit ist gemeint, dass jemand gut mit Ereignissen wie Unfällen, Schicksalsschlägen oder Traumata umgehen kann. Eine solche emotionale Stärke haben Sie nicht von Grund auf. Diese muss in einem fortwährenden Prozess erlernt werden. Oft besteht ein falsches Verständnis von emotionaler Stärke. Menschen meinen, sie seien stark, wenn sie keine Schwäche, keine Schmerzen und keinen Kummer zeigen oder Schmerz am besten ganz verdrängen. Dem ist aber nicht so. Besonders die Situationen, in denen Sie Schmerz erfahren haben, lehren Sie am meisten. Sie lernen im Prozess der Verarbeitung, wie Sie das Erlebte reflektieren und damit umgehen.

Damit Sie in solchen Situationen nicht völlig überfordert sind, gilt es, eine gewisse Form von Beständigkeit und Ordnung zu finden. Wenn Sie lernen, wie Sie Ihr Leben planen und Ihre Wünsche umsetzen, ohne sich dabei zu viel vorzunehmen, ist es ein Anfang. Am wichtigsten ist dabei eine allgemein positive Grundhaltung. Wenn Sie sich selbst schätzen und gelernt haben, wie Sie mit intensiven Gefühlen umgehen, dann haben Sie bereits einen großen Reflexionsprozess durchgemacht. Im Folgenden werden nun Eigenschaften aufgezählt, auf die Sie achten können, um Ihr Leben mehr selbst zu bestimmen.

Schritt 1. Lernen Sie, was Widerstandsfähigkeit bedeutet: Lassen Sie Gefühle zu und lernen Sie aus schmerzlichen Situationen, wie für Sie ein guter Schmerzverarbeitungsprozess auszusehen hat. Beweisen Sie sich selbst, dass Sie Ihren Schmerz zulassen und an sich arbeiten.

**Schritt 2. Lernen Sie, Ihre Gefühle nicht zu igno-
rieren:** Dies hat mit einer grundsätzlichen Einstel-
lung zu tun. Sie können das Leben nicht steuern, aber
Sie können entscheiden, wie Sie mit Gutem und
Schlechtem verfahren. Das bedeutet, nicht immer einen Grund vorzuschieben, warum Sie etwas nicht
fühlen sollten. Es gibt keine falschen Gefühle und es
gibt auch keine schlechten Gefühle. Entwickeln Sie
keine Scham, denn Scham blockiert Ihre Fähigkeit,
offen mit Ihren Gefühlen umzugehen. Also hören Sie
öfter auf Ihr Bauchgefühl und lassen Sie sich Zeit für
eine Entscheidung.

**Schritt 3. Lernen Sie an sich kennen, was Sie ver-
ändern wollen:** Es geht dabei auch darum, dass Sie
Ihre guten Eigenschaften erkennen müssen. Schreiben Sie sich selbst auf, an welchen Eigenschaften Sie
arbeiten wollen. Welche Schwächen stören Sie am
meisten? Diese Schwächen sollten Sie schließlich in
Ziele umformulieren. Lernen Sie, was Ihnen fehlt.
Welche Defizite sehen Sie in Ihrem Leben? Haben Sie
eine wichtige Fähigkeit nie lernen können oder ist
Ihnen diese abhandengekommen? Manchmal erleben Menschen, dass Ihnen gesagt wird, Sie hätten

diese oder jene Fähigkeit verlernt. Haben Sie auch schon einmal so etwas gehört? Vielleicht ist ja auch ein Funken Wahrheit darin und Sie haben wirklich eine Fähigkeit verlernt, die Sie einst einmal ausgemacht hat.

Schritt 4. Lernen Sie an sich kennen, was Sie fördern wollen: Mindestens genauso viel Zeit sollten Sie für Ihre Stärken einplanen. Freuen Sie sich über Ihre Stärken. Nicht jeder Mensch kann diese vorweisen. Also seien Sie stolz darauf und denken Sie an Situationen zurück, in denen Sie damit etwas Gutes für sich und andere bewirkt haben. Denken Sie daran, was Sie damit noch alles bewirken könnten. Das wird Ihnen Mut geben, auch einmal große Projekte anzugehen. Es ändert den Fokus darauf, wie Sie Aufgaben sehen. Sie werden damit eine positivere und optimistischere Haltung einnehmen.

Schritt 5. Lernen Sie, das erfahrene Revue passieren zu lassen und es nutzbar zu machen. Suchen Sie nach Gründen in der Vergangenheit, die ein Defizit der emotionalen Stärke erklären könnten. Wenn Sie Gewalt, schlechte Erfahrungen und

Vertrauensmissbrauch erlebt haben, sollten Sie das Erlebte dringend verarbeiten. Auch als Beobachter kann dies traumatisch sein. Wenn Sie dies bei einem geliebten Menschen erleben, belastet es Sie ebenfalls. Fragen Sie sich selbst, ob diese Erfahrungen immer noch einen negativen Einfluss auf Ihre momentane Situation haben. Sollte Sie Ihre Vergangenheit sehr belasten, sprechen Sie mit jemandem darüber. Scheuen Sie sich nicht, auch einen Therapeuten aufzusuchen, wenn es zu belastend wird.

Schritt 6. Lernen Sie, ob Sie von irgendetwas abhängig sind. Wenn Alkohol, andere Drogen oder sonst irgendetwas für Sie essenziell geworden ist, gefährden Sie Ihre emotionale Stärke. Fragen Sie sich auch da, woher es rühren könnte und was geschehen muss, damit Sie davon loskommen. Oft ist es ein Zeichen von innerer Leere oder einem verdrängten Schmerz, wenn Sie von etwas anderem abhängig sind. Wann ist Ihnen ein großer Schmerz geschehen? Holen Sie sich Hilfe und reden Sie mit jemandem darüber. Sie müssen Ihren Schmerz nie allein verarbeiten.

Schritt 7. Lernen Sie, wie Sie Ihre Gefühle dokumentieren. Wenn Sie ein Gefühlstagebuch schreiben, haben Sie die Möglichkeit, über Ihre Stimmung einen Überblick zu bekommen. Fühlen Sie sich in der meisten Zeit eher gut oder schlecht? Sie müssen nicht viel dokumentieren, wenn Sie nicht möchten. Wichtig ist es, Erfahrungen, Beiträge zur Selbsterkenntnis und Gefühle zu dokumentieren.

Schritt 8. Lernen Sie, auf sich zu achten. Wenn Sie Ihren Körper und Ihren Geist nicht regelmäßig pflegen und was dafür tun, werden Sie sich auch nicht wohlfühlen können. Also treiben Sie Sport, schlafen Sie genug, machen Sie Yoga oder eine Meditation und trinken Sie genug Wasser. Gönnen Sie sich einen Friseurbesuch oder unternehmen Sie etwas mit Freunden. Alles, was Ihnen hilft, sich gut zu fühlen, ist willkommen. So lernen Sie eine wichtige Lektion. Sie lernen, wie viel Zeit Sie benötigen, um sich um sich selbst zu kümmern.

Schritt 9. Lernen Sie, Ihren Geist auf Trab zu halten. Wichtig ist, dass Sie immer wieder versuchen, Neues zu lernen. Wenn sie gut zuhören, wissbegierig bleiben und informiert sind, können Sie Ihre Perspektive ändern und eine andere Geisteshaltung annehmen. Dies fördert Ihre mentale Stabilität immens.

Schritt 10. Lernen Sie, unter Stress auch die Ruhe zu bewahren und sich selbst zu bestätigen. Wenn ein Gefühl zu intensiv wird und Sie dieses kaum noch zurückhalten können, treten Sie einen Schritt zurück und atmen Sie tief ein und aus. Nehmen Sie sich den Moment und kehren Sie dann zur Aufgabe zurück. Sie werden mit mehr Ruhe und Bedacht herangehen können. Im letzten Schritt sprechen Sie sich Mut und eine positive Grundhaltung zu.

EMOTIONALE INTELLIGENZ ERLERNEN?

In diesem Kapitel erfahren Sie, wie Sie an Ihrer emotionalen Intelligenz bewusst arbeiten und etwas verändern können.

Ob Sie nun Ihre emotionale Intelligenz verbessern möchten oder jemand anderen unterstützen und fördern wollen – alles beginnt mit der Kindheit. Jedes Kind bringt bereits einen gewissen Grad an Empathie mit. Viele Menschen verlieren aber durch Schmerz, Verluste und schlechte Erfahrungen wieder einen Teil davon. Fragen Sie sich, ob Ihnen immer schon die Möglichkeit offenstand, Ihre Gefühle mit jemand anderem zu kommunizieren. Sollten Sie selbst Kinder haben, stellen Sie sich die Frage, ob Ihre Kinder zu Genüge mit Ihnen über ihre Gefühle sprechen können. Es ist wichtig, bereits in diesem frühen Stadium des Lebens zu lernen, wie Gefühle wahrgenommen und verstanden werden können. Nur so bekommen Sie mit der Zeit ein Gefühl dafür, was Ihnen fehlt.

Eine gute Übung, um die eigene Empathiefähigkeit zu fördern, ist es, Geschichten über andere Leben und Schicksale zu lesen. Dadurch erhalten Sie die Möglichkeit, sich in die Gefühle eines anderen Menschen einzufühlen. Und oft werden die Gefühle in aller Deutlichkeit beschrieben. Dadurch lernen Sie, wie Sie Ihren Wortschatz für die Gefühlsbeschreibung erweitern. Sie lernen auch, wie andere Menschen in den verschiedensten Lebenssituationen reagieren und diese verarbeiten. Es ist auf eine gewisse Art und Weise auch ein Lernen am Modell. Ob Sie nun von realen Menschen in Ihrer näheren Umgebung lernen oder von fiktiven Figuren, ist dabei nebensächlich, denn in allem steckt Gefühl und vor allem der Ausdruck von Gefühl.

Stellen Sie sich folgende Fragen:

· Zu welcher Sorte Mensch gehören Sie?

· Auf was legen Sie ein besonderes Augenmerk?

· Was ist Ihnen wichtig?

· Was berührt Sie besonders?

· Sind Sie im Allgemeinen mit sich zufrieden?

· Würden Sie sagen, dass Sie mit sich selbst im Reinen sind?

· Können Sie mit Ihren Gefühlen gut umgehen?

· Suchen Menschen Hilfe bei Ihnen?

· Bereitet es Ihnen Freude, mit anderen zu arbeiten?

• Verstehen andere auf Anhieb, worauf Sie hinauswollen?

Solche und viele weitere Fragen sollten Sie sich von
Zeit zu Zeit immer wieder selbst stellen und dokumentieren. Hat sich etwas verändert? Dokumentieren Sie auch, was sich verändert hat. Je öfter Sie solchen Fragen auf den Grund gehen, desto besser verstehen Sie, was Ihnen fehlt oder auch nicht fehlt.

Es ist wichtig, Ihre Kommunikationskompetenz
zu steigern. Lernen Sie, wie Sie sich gewählt ausdrücken können. Verstehen die anderen auf Anhieb, was
Sie möchten? Dies ist ein entscheidender Faktor dafür, von anderen entsprechend respektiert und an-
gehört zu werden.

Entwickeln Sie eine positive Grundhaltung zu
Konflikten. Die meisten Menschen wollen Konflikten
aus dem Weg gehen und möglichst wenig mit anderen diskutieren müssen. Konflikte sind aber in einem Entscheidungsprozess unerlässlich. Durch Konflikte lernen Sie, sich durchzusetzen oder Kompro-
misse einzugehen. Sie lernen, mit anderen im engen
Kontakt zu kommunizieren und sich auf die Argumente des anderen einzulassen. Wenn Sie

schließlich Kritik hören, wird Sie diese nur berühren, wenn Sie auch konstruktiv ist. Sie lernen dadurch auch, sich nicht mehr auf destruktive Kritik einzulassen. Sie werden besser und schneller unterscheiden können, welche Diskussion sich lohnt und welche nur Ihre Zeit strapaziert und unwichtig ist.

Seien Sie viel unterwegs und versuchen Sie, verschiedenste Menschen kennenzulernen. Je mehr unterschiedliche Persönlichkeiten Sie auf Ihrem Weg kennenlernen, desto mehr werden Sie über sich und versteckte Aspekte Ihrer Persönlichkeit erfahren. Denn Sie müssen immer wieder lernen, sich in die Person einzufühlen, die Ihnen gegenübersteht.

FALLBEISPIELE

In diesem Unterkapitel werden Ihnen drei Fallbeispiele aufgeführt, mit denen Sie Ihre Empathie auf die Probe stellen können. Überlegen Sie genau, welche Gefühle die Person empfinden und wie Sie dieser helfen könnten. Zum Schluss wird aufgelöst, wie es der Person ging und was Sie empfunden hat. Machen Sie sich ruhig einige Stichpunkte nebenbei. Der Interpretationsraum wird bewusst groß gelassen. Ziel ist es, dass Sie verschiedene Optionen durchgehen. Das zeigt nicht nur, wie Sie sich im Fall des Fallbeispiels fühlen, sondern auch, welche anderen möglichen Gefühle eine Rolle spielen könnten.

Fallbeispiel 1:
Sandra sitzt im Matheunterricht. Sie rutscht auf dem harten Holzstuhl hin und her. Das Ticken der Uhr scheint nur ihr aufzufallen. Alle anderen sind am Schreiben. Sie hört das Kratzen der Kugelschreiber auf dem Papier. Schon schießen die ersten Hände hoch. So vergeht eine Weile. Eine Frage, Ruhe, Gekritzel auf Papier, Hände in der Luft, Antwort und Bestätigung und die nächste Frage. Doch dann sieht der Lehrer Sandra an und merkt, dass sie nicht zu

schreiben beginnt. Der Blick haftet nun fest auf ihr. Sie scheint es nicht zu bemerken, bis ihr Name laut gerufen wird. Sandra dreht sich abrupt vom Fenster zum Lehrer und seine Hand winkt sie zu sich. Sie steht langsam auf und bewegt sich nach vorne. Die nächste Aufgabe soll sie an der Tafel vorrechnen. Sie schreibt die Zahlen auf die Tafel. Schnell flitzen ihre Hände hin und her, bis die Lösung an der Tafel steht. Sie setzt sich wieder hin. Der Blick geht wieder in Richtung Fenster.

Eine stille Träne stiehlt sich aus dem Auge. Schnell wischt sich Sandra das kleine Anzeichen weg. Die Stunde ist vorbei und noch lange sitzt Sandra da und denkt über die Vorkommnisse der letzten Tage nach. Kurz schüttelt sie den Kopf hin und her. Der Gedanke war weg. Es ist aber nur eine Frage der Zeit, bis er wiederkehren wird. Ein Gong reißt sie aus ihrem Tagtraum. Die nächste Stunde beginnt und dasselbe Unterfangen spielt sich ab. Eine Frage, kurze Ruhe, in die Luft gestreckte Hände, Bestätigung und erneutes Fragen. Sandra sitzt mittendrin, sieht hinaus und ist bereit, das Ticken der Uhr in sich aufzunehmen. Denn das ist das einzige Zeichen, das ihr verrät, dass es vorwärts geht.

Fallbeispiel 2:

Louis ging auf und ab. Es war bereits leicht am Dämmern. War heute der richtige Abend oder nicht? Seit seiner Frage waren Stunden vergangen, doch es kam keine Antwort. Hatte dies etwas zu bedeuten? Er hatte ein feines Hemd an, nicht bis zum obersten Knopf zugeknöpft und an den Ärmeln hochgekrempelt. Das gab dem Ganzen seinen Charme. Seine Hände waren leicht am Zittern. Er war kurz stehen geblieben, doch jetzt fing er wieder an, auf und ab zu gehen. Er hatte eine Lilie besorgt. Langsam legte er die schön verpackte Blüte auf die Anrichte. Er nahm den Bilderrahmen in die Hand, begutachtete jedes kleine Detail und erinnerte sich an diese vertraute Umgebung.

Die Hände wurden still. Die Augen waren verschlossen und wanderten von links nach rechts. Er roch das Meer, die salzigen und fettigen Pommes in Zeitungspapier und er spürte die langen Spaziergänge auf dem heißen Sand. Er erinnerte sich an die Berührung und das zaghafte Wispern am Morgen, an die Frage nach dem wohin und an den gemeinsamen Entschluss. Er erinnerte sich an den flüchtigen Kuss und die schnelle Entscheidung. Die Ärmel wurden noch weiter hochgekrempelt. Die Muskeln spannten sich, als er sich am Tisch hochzog. Die Füße wippten auf und ab. Er kaute lustlos auf seinem Kaugummi herum, wie ein zerfetztes, altes Kautschukblatt im Mund. Er verzog das Gesicht. Die Ärmel wurden wieder heruntergekrempelt, die Arme um die Schultern gelegt und erneut ging Louis wieder auf und ab. Irgendwann setzt sich Louis auf den Sessel und nickt ein. Als er das Klacken des Schlosses hört, steht er auf. Der Blick ruht lange und bedächtig auf dem anderen Augenpaar. Dann geht Louis wortlos ins Schlafzimmer und schließt die Türe hinter sich.

Fallbeispiel 3:

Hans leckte sich die Schokolade vom Mundrand. Die anderen Kinder lachten darüber. Er zuckte mit den Schultern. Einige Jungs spielten auf der Murmelbahn. Als er fragte, ob er mitspielen dürfe, ignorierten sie ihn. Er verstummte, lief um die Bahn herum und beobachtete die anderen. Ein Junge streckte vor Konzentration die Zungenspitze heraus. Er legte gekonnt zwei Finger um die Murmel und nutzte die Augen zum Maß der Strecke bis zur nächsten Murmel. Wenn er diese treffen würde, würde sie ihm gehören – vorausgesetzt, er würde sie aus der Bahn schießen.

Die Kinder hatten diese als Kreis in den Sand einge-
zeichnet. Irgendwann riefen die Kinder, er solle endlich die Murmel kicken. Schließlich tat er dies und
traf tatsächlich die heißbegehrte Murmel. Er warf
die Hände nach oben und klopfte sich selbst auf die
Schulter. Hans nutzte die Gelegenheit, als er in der
Nähe der Murmel war, griff nach dieser und rannte
weg. Die Jungs riefen und schrien ihm hinterher und
rannten ihm nach. Hans war schnell, aber der be-
klaute Junge gab nicht nach. Hans ging bald die Puste
aus. Also rannte er durchs Gebüsch. Dort würden Sie
ihn nicht finden, aber der Junge war ihm dicht auf
den Fersen.

Er versteckte sich in einem Busch, der direkt an
einem angrenzenden Drahtzaun war. Sein Herz pul-
sierte laut in seiner Brust, die Augen waren weit auf-
gerissen und die Murmel in der Hand ganz heiß. Er
hörte den Jungen. Er war nicht mehr allein. Gemeinsam würden sie ihn finden. Er wurde schließlich von
den Jungs gefunden. Der Junge, der die Murmel ge-
wonnen hatte, blitzte ihn mit großen Augen an.
Schließlich trat er nach ihm. Hans fiel auf den Boden.
Die Murmel kullerte ins Gebüsch. Als sie ihn fragten,
wo die Murmel hin sei, sagte er, dass sie ins Gebüsch

gefallen sei, weil der Junge ihn getreten hatte. Sie traten nach ihm und befahlen ihm, ins Gebüsch zu krie-
chen und diese zu suchen. Auf allen vieren suchte er
hastig nach dieser. Die Tränen standen in den Augen,
doch war sein Gesicht verborgen da unten im Gebüsch. Immer wieder trat einer von ihnen nach ihm.
Als er diesen schließlich die Murmel gab, spuckten
sie ihn an und traten ihn noch einmal. Er krümmte
sich vor Schmerz. Die Tränen kullerten hemmungs-
los. Lange lag er so da.

Auflösung

Bevor Sie nun die Lösungen erfahren, stellen Sie sich
einmal eine Frage. Wie haben Sie sich gefühlt? Ging
es Ihnen beim Lesen der Fallbeispiele gut oder
schlecht? Haben Ihnen die Fallbeispiele gefallen o-
der nicht gefallen? Warum haben Ihnen die Fallbeispiele gefallen oder auch nicht gefallen? Empfanden
Sie eine Emotion während des Lesens einer der Fallbeispiele besonders stark? Notieren Sie die Antworten zu diesen Fragen noch einmal kurz, bevor Sie sich
nun im Folgenden die Auflösungen durchlesen.

Fallbeispiel 1: Sandra hatte vor zwei Jahren durch
einen Autounfall ihre Mutter verloren. Sie hat sich
von diesem Verlust nicht erholt. Sie fühlt sich oft leer

und unbrauchbar. Zwischendurch kann Sie Ihre Tränen nicht zurückhalten. Dahinter verbergen sich sehr viele Emotionen, die sie verdrängen möchte – Schmerz, Kummer, Angst, Wut, Panik, Erschöpfung und Hilflosigkeit. In Anwesenheit anderer Menschen fühlt sie sich nicht mehr wohl. Sie kapselt sich zusehends ab. Sie tut es auch unterbewusst, um sich selbst zu schützen. Sie braucht den Raum und die Zeit, um ihren Schmerz zu verarbeiten. Sie ist depressiv und möchte am liebsten nur noch vor sich her träumen. Gleichzeitig sehnt sie sich nach etwas Beständigem in ihrem Leben. In einem so jungen Alter einen Elternteil zu verlieren, kann das eigene Gleichgewicht enorm verschieben.

Darunter kann die emotionale Intelligenz enorm leiden. Wenn Sie sich bei großer Trauer oder Schmerz nicht einem anderen Menschen öffnen, kann es schnell sein, dass Sie den Schmerz in sich hineinfressen und Ihre eigene Gefühlsbalance in Gefahr oder diese auch letztlich völlig durcheinanderbringen. Es ist daher sehr wichtig, Menschen in einer solchen Lebenssituation zu empfehlen, sich Hilfe zu suchen – ob nun von Familie, Freunden oder professionelle Hilfe in Form eines Therapeuten.

Fallbeispiel 2: Louis wartete auf seinen Lebenspartner. Er wollte diesen fragen, ob er mit ihm zusammenziehen möchte. Louis war sehr nervös, da es seine erste Beziehung nach seinem Outing war und er glaubte, endlich glücklich zu sein. Allerdings bemerkte er, dass sein Partner immer mehr dazu neigte, Verabredungen abzusagen. Er hatte sogar schon den Schlüssel zur Wohnung. Er war nur noch nicht richtig offiziell mit eingezogen. Je länger er warten musste, desto mehr dachte er darüber nach, ob sein Partner jemand anderen hätte. Es machte ihn immer nervöser und panischer, dass seine erste aufrichtige Liebe ihn sitzen lassen würde. Er hatte so viel negative Energie empfunden, dass er irgendwann vor Erschöpfung eingeschlafen war. Als er den Schlüssel hörte, wollte er seinen Partner anbrüllen und zur Rede stellen. Als er ihm jedoch in die Augen sah, war ihm nicht mehr danach, zu streiten. Zu erschöpft war Louis von seiner eigenen Angst. Er sah seinen Partner erschöpft an, drehte sich wortlos um und ging wütend in sein Schlafzimmer. Besonders in Partnerschaften passiert es Menschen immer wieder, dass sie sich genau ausmalen, wie sie auf ihren Partner oder ihre Partnerin reagieren werden. Oft ist es aber nur eine Vorstellung davon, wie die Person ihre Gefühle ausdrücken möchte. Die meisten fallen schließlich in alte Verhaltensmuster und Erwartungshaltungen zurück. Das kann dazu führen, dass irgendwann das Gefühl entsteht, nicht gut genug zu sich selbst zu stehen. In Louis Fall ist das Problem, dass seine Beziehung zusätzlich von zwei negativen Gefühlen umgeben ist: Misstrauen und Scham.

Er misstraut seinem Partner, weil er vor allem auch noch keine Erfahrungen damit gemacht hat, als homosexueller Mann geliebt zu werden. Da es seine Ersterfahrungen sind, ist er sichtlich verunsichert. Er empfindet Scham, weil er sein Outing vor nicht allzu langer Zeit durchgezogen hat. Diese beiden Emotionen in Kombination rufen viele weitere Emotionen hervor. Das kann bis hin zu einer unbändigen Wut, zu einer Angststörung oder zu Panik führen. Es ist daher äußerst ratsam, auch Louis zu empfehlen, unbedingt mit seinem Partner zu sprechen. Zudem muss er sich die Frage stellen, ob die Menschen ihn wirklich genug zu schätzen wissen, wenn sie ihn für seine Liebe und seine Sexualität verurteilen.

Fallbeispiel 3: Hans hat in sehr jungen Jahren tiefgreifende Erfahrungen von Demütigung und Schmerz machen müssen. Die Aktion mit der Murmel war angetrieben davon, von den anderen wahrgenommen zu werden. Die Sehnsucht danach, akzeptiert zu werden, hat jedes andere Gefühl bei ihm überschattet, sonst hätte Hans darüber nachgedacht, dass ihm das Klauen der Murmel Ärger einbringen könnte. Gerade in so jungen Jahren ist es oft schwer, vorauszudenken. Dies ist eine Eigenschaft, die erst im Laufe des Lebens erlernt wird. Erst als er sich im Gebüsch versteckte, wuchsen die Angst und die Erkenntnis, entdeckt zu werden. Die Tritte, das hämische Lachen und am Ende angespuckt zu werden, haben Hans sehr erniedrigt. Dies zeigt, wie schnell es in der Kindheit bereits passieren kann, dass das emotionale Gleichgewicht ins Wanken gerät und das Selbstwertgefühl auf einen Tiefpunkt fallen kann. Daher ist es sehr wichtig, Kinder zu lehren, immer über ihre Gefühle zu sprechen und Veränderungen im Verhalten zu spüren. Dabei darf ein Kind aber nicht bedrängt werden. Im Umgang mit Kindern können Sie am besten Ihre Empathie unter Beweis stellen. Es ist nicht leicht, bei einem Konflikt unter

Kindern eine Lösung zu finden. Schließlich sind die anderen Kinder auch in einem Selbstfindungsprozess. Sollte Ihnen so etwas widerfahren sein, sprechen Sie darüber und schreiben Sie Ihre Erfahrung einmal auf. Erleben Sie die Situation noch einmal und bedenken Sie dabei eines: Niemand hat es verdient, so schlecht behandelt zu werden. Bedenken Sie die Fehlbarkeit der anderen Menschen. Es ist vor allem für Sie wichtig, zu vergeben und die Situation hinter sich zu lassen.

Wie Sie sehen, ist es meistens nicht so schwer, sich in andere Situationen hineinzuversetzen. Vor allem, wenn Sie in einem neutralen Gemütszustand sind, merken Sie schnell, wenn Menschen Schmerz oder andere Gefühle empfinden. Positive Gefühle wie Freude sind sichtlich einfach zu erkennen und zu deuten. Das Problem gestaltet sich zumeist eher bei Wut, Trauer, Angst und Aggressionen, denn diese treten oft mit verschiedenen Gefühlen in Erscheinung. So entstehen Missverständnisse. Ein oft fehlerhafter Rat, der Menschen bei einem Gefühlsausbruch gegeben wird, ist es, nicht zu weinen. Dabei sind Emotionen und der Ausbruch dessen etwas völlig Normales und sogar sehr wichtig. Tränen sind ein

Ausdruck von Gefühlen, wie es auch Lachen ist. Beides hat seine Berechtigung und sollte den nötigen Raum bekommen. Raten Sie einem Menschen also nie, nicht zu weinen, sondern die Gefühle frei auszuleben.

STRESSBEWÄLTIGUNG

In diesem Kapitel lernen Sie, wie Stressbewältigung funktionieren kann. Stress ist einer der häufigsten Hemmer für die Nutzbarmachung Ihrer Emotionen. Wenn Sie Stress haben, stehen Sie evolutionär gesehen unter Adrenalin. Sie erhalten den sogenannten Tunnelblick. Sie sehen nur, was unmittelbar vor Ihnen ist. Es wird Ihnen schwieriger fallen, weitreichende Entscheidungen zu treffen. Stressbewältigung bedeutet aber nicht, dass Sie keinen Stress mehr empfinden werden. Es bedeutet, dass Sie Mittel und Wege finden, damit umzugehen.

Stress kann bisweilen zu starken körperlichen und seelischen Problemen führen. Eine chronische Dauerbelastung kann für Sie daher sehr belastend sein. Stress ist evolutionär gesehen eine chemische Reaktion, die in Ihrem Körper abläuft. Wenn Sie glauben, eine Situation sei gefährlich, werden in Ihrem Körper Adrenalin und Nordrenalin ausgeschüttet. Daraus entstehen die sekundenschnellen Entscheidungen von Kampf oder Flucht. Im Alltag ist es dann eher die Entscheidung, ob Sie eine Aufgabe angehen wollen oder diese lieber meiden. Es reicht schon, dass Sie eine Situation als unangenehm empfinden. Dies kann dann bereits Stress auslösen. Daher bleibt Ihr Körper permanent in der unangenehmen Situation der Anspannung verhaftet. Das führt zu einer ständigen Anspannung, psychosomatischen Beschwerden, Angststörungen und sogar bis hin zu Schlafmangel. Über einen langen Zeitraum können ernsthafte Krankheiten und gesundheitliche Probleme auftreten. Daher sollten Sie Anzeichen von Überarbeitung, Erschöpfung und innerer Leere nicht ignorieren.

Es gibt drei Bereiche, um Stress zu reduzieren. Im Folgenden werden Ihnen diese vorgestellt.

In Ihrem Umfeld: Reduzieren Sie äußere extreme Stressverursacher. Verringern Sie beispielsweise lärmverursachende Faktoren. Verändern Sie etwas an Ihrer Umgebung, wenn Ihnen dies möglich sein sollte. Vielleicht brauchen Sie einfach eine

Veränderung. Vielleicht ändern Sie etwas an Ihrer Wohnung, verschönern Ihr Büro mit einer Pflanze oder verändern eine sonstige Kleinigkeit, die Ihnen Entspannung und etwas Schönes bringt. Das soll Ihnen zeigen, dass Sie äußere Stressfaktoren genauso schnell beseitigen können wie innere. Oft fällt es erst auf, dass eine kleine Veränderung oder ein wenig Ordnung im Leben nötig war, wenn Sie es angegangen sind. Fühlen Sie sich nicht nur räumlich wohl – auch Ihre Freunde und die Menschen, mit denen Sie viel Zeit in Ihrem Leben verbringen, sollten Sie mit Bedacht wählen.

In sich selbst: Es geht vor allem darum, Verhaltensweisen abzubauen, die bei Ihnen Stress verursachen könnten. Lernen Sie, anders mit sich selbst umzugehen. Gehen Sie Konflikten nicht mehr aus dem Weg, sagen Sie lieber Ihre Meinung und schließen Sie dabei Frieden mit sich selbst, anstatt alles in sich hineinzufressen. Wenn Sie sich oft zu viel Arbeit aufbürden, geben Sie lieber etwas von der Arbeit ab, anstatt alles auf sich zu nehmen für andere. Denn früher oder später werden Sie nicht mehr funktionieren und erschöpft sein. Setzen Sie sich im Alltag auch Prioritäten. Sie können nicht alles auf einmal bewältigen. Daher dürfen Sie keine zu große Erwartungshaltung haben. Belohnen Sie sich zwischendurch für Ihre hartgetane Arbeit. Genuss zeigt, dass Sie nicht verzichten, sondern auch einmal auf sich achten. Genuss bedeutet aber auch, dass Sie sich bei der Arbeit sicher, zufrieden und gut aufgehoben fühlen.

In Ihren Körperreaktionen: Atem- und Entspannungsübungen, aber auch Sport (Schwimmen, Tennis, Radfahren oder Boxen) – was auch immer Ihnen hilft, Ihren Körper vom Stress herunter zu kriegen, nutzen Sie es. Nach einiger Zeit wirken die körperlichen Übungen Wunder. Die Reduzierung von Stress im Körper wird sich sichtlich bemerkbar machen. Sie können sich aber abends auch hinlegen und einer angenehmen Musik oder dem Meeresrauschen lauschen. Diese finden Sie in zahlreichen Videos. Auch eine Traumreise kann Ihnen helfen, den Stress abzubauen. Was Ihnen auch sehr helfen kann, ist es, herzlich lachen zu können. Humor und Lachen mit guten Freunden oder mit der Familie kann Wunder bewirken.

Je weniger Sie sich selbst unter Druck setzen und je mehr Sie im Moment leben können, desto weniger Stress haben Sie und desto mehr können Sie Ihr Leben wirklich genießen.

ACHTSAMKEITSTRAINING

In diesem Unterkapitel lernen Sie, wie Sie bewusst im Alltag auf Ihre Emotionen achten können. Sie trainieren, sich auf sich selbst zu besinnen und wahrzunehmen, was gerade für Sie wichtig ist.

Achtsamkeit und Meditation gehen eng miteinander einher. Es geht dabei darum, Stress wirklich abzubauen. Die eigenen Gefühle sollen dabei genauestens untersucht werden, Gefühle und Gedanken sollen Sie einfach an sich vorbeiziehen lassen und Sie sollen diese einfach nur wahrnehmen. Sie sollen lernen, alles aus einem anderen Blickwinkel zu betrachten. Im Folgenden werden Ihnen daher eine Reihe von Achtsamkeitsübungen vorgeführt.

Übung 1: Sie führen diese Übung im Gehen durch. Wählen Sie einen Weg Ihrer Wahl – ob im nahegelegenen Waldstück, im Park oder Zuhause. Achten Sie beim Gehen auf Ihre Schritte und konzentrieren Sie sich darauf. Konzentrieren Sie sich auch auf Ihre Atmung, wie Sie sich beim Gehen verändert.

Sollten Ihre Gedanken wandern, lassen Sie es zu. Schließlich führen Sie Ihre Gedanken aber ganz sanft und langsam wieder auf Ihre Atmung zurück.

Übung 2: Ihre Atmung ist in dieser Übung das Zentrum der Konzentration. Die Konzentration wird immer länger beim Atmen belassen. Beim Achtsamkeitstraining dürfen Sie sich setzen oder hinlegen, wo immer Sie auch wollen.

Übung 3: In dieser Übung sind Sie nur mit dem reinen Beobachten Ihrer Gedanken beschäftigt. Es geht dabei darum, dass Sie diese nur für ein bestimmtes Zeitfenster beobachten und dann loslassen. Dies müssen Sie jedoch häufig üben, bis Sie an den Punkt kommen, dass Sie Ihre Gedanken gezielt beachten und wieder schweifen lassen können. Es wird Ihnen am Anfang öfter passieren, dass Sie sich wieder in Ihren Gedanken verlieren. Diese Übung soll Ihnen dabei helfen, zu verstehen, dass Gedanken nichts Beständiges sind. Sie können sich in diesen verlieren, aber eigentlich sollte es eher anders herum sein, denn viele Ihrer Gedanken sind schon längst vergessen. Egal wie negativ und verstörend ein Gedanke auch sein kann, es ist zunächst nur ein Gedanke. Diesen können Sie loslassen und wieder vergessen. Wenn Sie dies anschließend auf Ihren Alltag übertragen, werden Sie bemerken, wann Sie Gedanken einmal unnötig quälen. Sie lernen, diese zu relativieren, und Sie lassen sich nicht mehr, so blöd es auch klingen mag, durch Ihre eigenen Gedanken fremdbestimmen.

Übung 4: Sie können eine Situation als Achtsamkeitsübung nutzen, die sonst überhaupt nicht als entspannt gilt: Auto fahren. Stellen Sie Ihren Fahrersitz vor dem Fahren bequem und legen Sie eine Achtsamkeits-CD ein. Nutzen Sie die Fahrt durch den Stau und entspannen Sie sich. Fahren Sie mit Bewusstsein und nehmen Sie sich vor, jeden Fahrer, jedes Kennzeichen, jede Ausfahrt, die Strecke und die Bäume um sich herum wahrzunehmen. Vielleicht fällt Ihnen etwas auf, dass Sie auf Ihrer täglichen Strecke zur Arbeit noch nie gesehen haben. Sie werden die Umgebung völlig anders wahrnehmen und nicht – wie die anderen Fahrer – auf den Stress des Staus fokussiert sein. Sie kommen entspannt und gelassen auf der Arbeit, Zuhause oder wo auch immer an.

Übung 5: Wenn Sie einmal besonders gehetzt oder gestresst sind, bleiben Sie stehen. Sehen Sie sich in Ihrer Umgebung um und nehmen Sie wahr, was um Sie herum geschieht. Zählen Sie Objekte in Ihrer Nähe. Zählen Sie dabei immer bis 10. Wenn Sie gerade nichts haben, worauf Sie sich konzentrieren können, zählen Sie einfach in Gedanken 10 Gegenstände auf. Hören Sie Geräusche um sich herum? Versuchen Sie, diese einzuordnen. Dann atmen Sie ganz ruhig ein und wieder aus. Die Atemübungen werden immer wieder wesentlich sein, denn im Stress atmet der Mensch immer flacher und panischer. Also beruhigen Sie erneut Ihre Atmung. Versuchen Sie, Ihre Atmung so weit unter Kontrolle zu bringen, dass Sie nur noch 4 bis 6 Atemzüge pro Minute brauchen. Legen Sie zwischen dem Ein- und Ausatmen immer wieder Pausen ein. Anschließend heißt es strecken. Strecken Sie sich, richten Sie sich auf. Lächeln Sie eine Weile vor sich hin. Dann können Sie sich wieder auf Ihre Tätigkeit konzentrieren. Sie werden merken, wie gut es Ihnen damit gehen wird und wie der Stress ganz plötzlich von Ihnen abfällt. Besonders gut eignet sich diese Übung im Büro, wenn Sie einige Minuten für sich haben.

Übung 6: Nehmen Sie ein Lebensmittel zur Hand, beispielsweise eine Walnuss. Betrachten Sie diese von allen Seiten. Achten Sie dabei auf die Form, auf den Geruch und auf die Oberfläche. Wie fühlt sie sich an? Welchen Geruch nehmen Sie wahr? Nehmen Sie diese nach eingehender Prüfung in den Mund und ertasten Sie sie mit der Zunge. Fallen Ihnen die einzelnen Rifflungen auf? Wie nehmen Sie die Oberfläche mit der Zunge wahr? Anders als mit Ihren Fingern? Nehmen Sie bereits einen Geschmack wahr? Kauen Sie nun ganz entspannt und ruhig auf der Walnuss herum, 20 bis 30 Mal sollten Sie kauen. Achten Sie auf jede kleine Veränderung im Geschmack und in der Konsistenz. Achten Sie darauf, bis Sie langsam und bedächtig herunterschlucken. Welcher Nachgeschmack bleibt auf der Zunge? Welche Veränderung bemerken Sie? Übertragen Sie die Veränderung nun auf Ihre Gedanken und Gefühle. Auch diese sind so unterschiedlich und facettenreich von ihren Ausführungen her. Ihre Gedanken sind mit verschiedenen Gefühlen verbunden. Beobachten Sie auch diese. Versuchen Sie, diese auch gedanklich zu ertasten, bis Sie zurück zum Nachgeschmack der Walnuss auf Ihrer Zunge kommen.

Ist Ihnen aufgefallen, was all diese Übungen verbindet? Sie konzentrieren sich auf einen Aspekt und schaffen es damit, Ihre Gedanken und Gefühle anders zu bewerten. Sie lassen sich nicht mehr in ein wirres Gedankenkonstrukt verheddern. Sie schaffen es, einen Ruhepol in sich selbst wahrzunehmen. Der Grund, warum viele Menschen keine Zeit mit sich selbst verbringen möchten, ist die Angst, dass die eigenen Gedanken einen zu stark belasten und sie daher irgendwann in einen vollkommenen Kontrollverlust münden. Aber gerade das zu starke Festhalten an Kontrolle ist das Problem. Sie haben einen Raum in sich selbst. In diesem können Sie sein, ganz unabhängig davon, was um Sie herum geschieht. Wenn Sie dies verstehen, haben Sie kein Problem mehr, Ihre Gedanken in Ruhe wandern zu lassen. Also nehmen Sie sich die Zeit, Ängste und Stress zu verarbeiten, denn je länger Sie damit warten, desto mehr wird sich das Verhältnis verändern und Sie werden um Ihre Ängste und den Stress herum leben.

Anekdote:

Joachim hat panische Angst vor Übelkeit. Zunächst konnte er mit der Bahn und dem Bus zur Arbeit fahren, ohne irgendwelche Probleme zu haben. Doch als er einmal starke Übelkeit im Zug verspürt hatte und es eine gefühlte Ewigkeit dauerte, bis er an einer Haltestelle endlich aussteigen konnte, verstärkte sich seine Angst zusehends. Seitdem versuchte er immer, zu Fuß oder mit dem Fahrrad zur Arbeit zu fahren. Es kostete Ihn das Dreifache an Zeit, aber er nahm es in Kauf. Allerdings beeinflusste es weitere Bereiche seines Lebens. Beispielsweise konnte er nicht mehr Einkaufen fahren, egal bei welchem Wetter. Er hatte panische Angst davor, in den Urlaub zu fahren oder seine Freundin in der nächsten Stadt zu besuchen. Ihm brach nackter Schweiß bei dem Gedanken aus, sich in den Zug oder in den Bus zu setzen. Er wusste, es konnte nicht so bleiben, also setzte er sich mit seiner Angst auseinander. Er überlegte, wann es angefangen hatte und versuchte, Stück für Stück wieder mit dem Bus zu fahren. Dabei konzentrierte er sich stetig auf einen kleinen Würfel, den er immer bei sich trug. Er fühlte über die kleinen Unebenheiten und begutachtete diesen mit aller Ruhe. Ehe er sich versah, hatte er die Haltestelle erreicht. Er probierte es eine Weile so immer weiter, bis er sich sicher damit fühlte, für die eine Haltestelle im Bus zu sitzen.

Danach übte er es mit zwei Haltestellen, schließlich mit drei, vier und fünf, bis er am Endziel angekommen war. Später versuchte er es mit der

Atemtechnik, damit er nicht die meiste Zeit seine Augen verschlossen halten musste. Er entspannte sich sichtlich. Die Strecke im Zug war für Ihn die größere Herausforderung, da er dort lange sitzen musste. Also zählte er draußen, was er sah. Straßenschilder, Autos, Gebäude, Bäume, Menschen, Haltestellenschilder und die Buchstaben darauf. Er war so darauf fokussiert, zu zählen, dass er zwei Haltestellen mehr gefahren war, als er sich ursprünglich vorgenommen hatte. Er war erstaunt darüber, wie schnell er Fortschritte machte. So lange hatte er mit seiner Angst zu kämpfen und in wenigen Wochen hatte er schon so große Sprünge gemacht. Er übertrug seine Übungen auf verschiedene Situationen im Leben. Er lernte, dass die Angst ihn völlig beherrscht hatte. Er hatte nun auch die Möglichkeit, im Notfall auf Gegenstände zurückzugreifen, die ihn beruhigen würden. Allein, dass er den Würfel dabei hatte, beruhigte ihn schon.

Dieses Beispiel sollte zeigen, wie schnell Sie die Übungen einfach und unkompliziert in Ihr Leben einbringen können und welche Wirkung diese haben können, wenn Sie sich nur darauf einlassen und den Mut haben, es auszuprobieren. Je öfter Sie die

Übungen wiederholen, desto mehr gewöhnen Sie sich daran und entwickeln ein Gefühl dafür, was Ihnen hilft und was nicht. Vor allem bei Angststörungen ist es gut, die Angst zu reflektieren und Dinge oder Situationen zu schaffen, die Sie beruhigen, um nach und nach an Ihrer Angst zu arbeiten. Aber auch bei alltäglichem Stress oder bevor Sie nach Hause kommen, können Sie alles Negative so einfacher abschütteln. Oft erleben Menschen, dass sie nach Hause kommen und den anderen die Laune verderben oder umgekehrt. Deshalb ist es wichtig, herauszufinden, wie Sie mit Ihrem eigenen Frust und Stress umgehen wollen. Laufen Sie vorher noch eine Runde um den Block und atmen Sie tief durch. Wenn Ihnen das nicht hilft, sollten Sie Zuhause aufschreiben, was Sie an dem Tag besonders bedrückt hat. Dann sollten Sie diese Erfahrung einfach durchstreichen. Sie streichen Sie symbolisch durch, damit Sie sehen, dass Sie diese nicht an sich heranlassen müssen. Es ist in Ordnung, einmal nicht zu funktionieren, einen Fehler zu machen oder sich einfach nur nicht wohlzufühlen. Dies kann auch eine gute Beschäftigung sein, wenn Sie sonst nicht gerne spazieren gehen. Zählen Sie die Dinge um sich herum. Irgendwann werden Ihre

Gedanken wandern. Lassen Sie es zu und spazieren Sie eine Weile. Führen Sie vielleicht auch die Übung mit dem Zählen der Schritte durch. Wenn Sie das Gefühl haben, dass Sie mit einem ruhigen Gefühl nach Hause kehren, haben Sie das Bestmögliche erreicht. Sie haben eine innere Ruhe entwickelt. Stellen Sie sich das nun häufiger vor. Wie friedsam Ihr Leben werden kann! Nehmen Sie sich diesen Moment für sich. Sie werden es sich danken und andere Ihnen auch.

Meditation

In diesem Unterkapitel lernen Sie, wie Sie mithilfe einer Meditation die verstärkte Einwirkung negativer Emotionen nicht zu sehr Ihr Leben bestimmen lassen. Im Gegenteil. Sie lernen, wie Sie Ihren Körper in einen Ort der Ruhe verwandeln. Einen Ort, in dem Sie rasten und entspannen können.

Die Meditation findet sich in zahlreichen Religionen und spirituellen Praktiken wieder. Sie hilft dabei, zu einer inneren Ruhe und Ausgeglichenheit zu gelangen. Sie ist eine spirituelle Praxis, bei der mit Atemübungen und Konzentrationsübungen gearbeitet wird. Oft wird der Meditation eine bedeutende Rolle dabei zugesprochen, andere Bewusstseinszustände zu erreichen. Sie können es aber auch als einen Prozess des tiefgehenden Nachdenkens wahrnehmen. Vor allem in den ersten Meditationen werden Ihre Gedanken wandern. Sie werden verschiedene Situationen durchgehen. Je mehr Sie sich entspannen, desto mehr können Sie im Moment sein und nur Ihre Atmung wahrnehmen. Sie können sich loslösen von Ihren gewohnten Denkmustern und vor allem können Sie Emotionen in einem anderen Bewusstseinszustand reflektieren. Es soll hier um das sogenannte passive Meditieren gehen. Sie setzen sich im Schneidersitz auf einen angenehmen, gemütlichen Untergrund, schließen die Augen und atmen still in den Bauch ein und aus. Diese Form der Mediation entstammt aus der buddhistischen Praxis. Sie wird in der westlichen Praxis häufig verwendet, um Stress zu reduzieren. Sie ist auch bekannt als „achtsamkeitsbasierte kognitive Therapie" (im Englischen auch Mindfulness Based Cognitive Therapy, MBCT). Diese wird vor allem auch bei Menschen mit Depressionen verwendet (vgl. Zindel et. al., 2001).

Meditation bedeutet vor allem eines: Sich seiner selbst bewusst werden. Es kann also überall passieren. Hier folgt nun eine Schritt-für-Schritt-Anleitung.

Schritt 1: Ein neutraler und ruhiger Platz zum Meditieren. Wichtig ist, dass der Ort keine zu starken Emotionen auslöst. Der Ort muss einfach gehalten sein und keine zu starken Sinnesreize auslösen. Beschaffen Sie sich gemütliche Kissen oder eine Matte, auf die Sie sich setzen können.

Schritt 2: Mindestens genauso wichtig ist es, dass es an diesem Ort ruhig ist. Also schalten Sie alle Störgeräusche aus. Schalten Sie am besten auch Ihr Handy aus.

Schritt 3: Die Matte oder auch die Kissen sind nun essenziell. Sie sollten nämlich nicht auf dem kalten Boden sitzen. Allerdings sollte der Untergrund nicht so weich sein, dass Sie darin einsinken könnten. Sollten Sie dies zum ersten Mal machen, ist es empfehlenswert, im Schneidersitz zu sitzen. Wenn Sie sich gut dehnen können, sollten Sie die halbe Lotus-Position ausprobieren. Dafür legen Sie einen Fuß auf den anderen. Wenn es Ihnen schwerfällt oder Sie es als ungemütlich empfinden, auf dem Boden zu sitzen, können Sie auch auf einem Stuhl sitzen. Für welche

Position Sie sich auch entscheiden sollten, legen Sie sich nicht dabei hin, sonst könnte es schnell passieren, dass Sie einschlafen.

Schritt 4: Versuchen Sie, möglichst Ihren Rücken zu stabilisieren und gerade zu halten. So können Sie besser einatmen und dies kontrollieren. Sie neigen dann nicht mehr zu einer sogenannten Schnappatmung. Legen Sie Ihre Hände ineinander, wobei die Daumen zueinander zeigen. Diese legen Sie auf Ihren Schoß. Positionieren Sie Ihren Kopf geradeaus. Aus den Schultern muss jede Anspannung weichen. Diese lassen Sie ganz locker fallen. Trotz der aufrechten Haltung bleibt Ihr Körper ganz entspannt.

Schritt 5: Nun setzen Sie sich selbst eine Zeit, wie lange Sie meditieren möchten. Für den Anfang sollten 10 Minuten ausreichen. Schließen Sie Ihre Augen und atmen Sie lange tiefe Züge durch die Nase in Ihren Bauch hinein. Stellen Sie sich vor, wie Sie diesen langsam und rhythmisch mit Luft füllen, bis er völlig gefüllt ist. Halten Sie einige Sekunden den Atem an und atmen Sie schließlich ganz langsam wieder durch den Mund die Luft aus, als würden Sie diese in den Raum verströmen. Wiederholen Sie dies einige Male.

Schritt 6: Wenn Sie die ersten tiefen Atemzüge gemacht und sich an diese gewöhnt haben, können Sie sich nun weiter auf Ihre Atmung konzentrieren. Nehmen Sie einfach nur Ihre Atmung wahr. Es geht darum, vom Kopf zum Körper zu finden. Spüren Sie dabei, wie Ihr Bauch sich auf- und wieder abhebt, wie sich Ihr gesamter Körper zusammenzieht und ausdehnt. Wenn Sie merken, dass Sie bereits beginnen, wieder Gedanken nachzugehen, seien Sie nicht beunruhigt. Das ist völlig normal. Lenken Sie Ihre Aufmerksamkeit einfach wieder auf Ihre Atmung und beginnen Sie den Prozess der „Körperfindung" wieder von Neuem.

Schritt 7: Wenn Ihr Wecker angeht und die Zeit vorbei ist, dürfen Sie in eine Falle nicht tappen: Springen Sie nicht hastig auf, als hätten Sie einen Punkt auf der Checkliste abgehakt. Lassen Sie sich Zeit. Finden Sie wieder zu Ihrem gewohnten Bewusstsein und überlegen Sie in Ruhe, wie Sie die Atmung und das entspannte Gefühl mit in Ihren Alltag nehmen können.

Erst dann lösen Sie sich aus der Haltung und stehen langsam und mit neugeschöpfter Kraft auf.

Bei der Meditation gilt immer, dass Sie die Ruhe bewahren. Es geht nicht um ein reines Funktionieren. Wenn Sie Ihre Gedanken nicht ausschalten können, sollten Sie dies auch nicht tun. Lassen Sie Ihre Gedanken einfach wandern. Das wird diese mit der Zeit immer weiter verblassen und abschwächen. Sie werden sich immer wieder im Raum und bei Ihren Atemübungen wiederfinden. Dann wissen Sie, dass Sie auf dem richtigen Weg sind. Frei von Ihren Sorgen und Ängsten zu sein, kommt davon, diese nicht mit aller Macht abzuwehren, sondern Sie einmal zuzulassen und dann ziehen zu lassen. Sie werden mehr und mehr Vertrauen in Ihre eigene Intuition und in Ihren Selbstheilungsprozess finden.

Sollten Sie Ihre aufrechte Körperhaltung nicht stringent einhalten können, ist dies auch nicht schlimm. Wichtig ist, dass Sie sich in der Situation wohlfühlen und sich auf Ihre Atmung konzentrieren können. Wichtig ist nur, dass Sie tief und frei atmen können. Solange Sie dies können, ist es auch nicht schlimm, wenn Ihr Rücken nicht in perfekter Weise gerade bei den Übungen ist. Willenskraft ist bei der emotionalen Intelligenz eine entscheidende Eigenschaft zur Impulskontrolle, in der Meditation allerdings ist sie fatal. Die Meditation ist nicht dafür da, etwas ganz Bestimmtes zu schaffen, zu erreichen oder zu verändern. Es ist einfach der Zustand reiner Akzeptanz. Lassen Sie los. Sie jagen bei der Meditation keinem Ziel hinterher. Es gibt zahlreiche Videos zur Meditation – ob im Freien, Zuhause oder gemeinsam mit anderen, egal, in welchen Lebenssituationen. Es gibt verschiedene Anleitungen und Möglichkeiten, eine Meditation durchzuführen. Wenn Sie also unter starkem Druck stehen und den permanenten Stress leid sind, probieren Sie es aus.

Es kann ungemein helfen, Ihren Fortschritt zu dokumentieren. Das kann bewirken, dass Sie motiviert dranbleiben und die Meditationen weiter durchführen. Ein mögliches Meditationstagebuch könnte wie folgt aussehen.

Meditationstagebuch:

Tag 1:

Dauer der Meditation: 10 Minuten

Gedanken: Ein Gedanke ging mir eine Weile durch den Kopf. Eine schöne Erinnerung kam mir in den Sinn – das Tulpenfeld während meines Urlaubs in Südfrankreich, meine kleine Nichte, die auf mich zu rannte und wie ich sie liebevoll an diesem strahlenden Sommertag empfing. Es war danach nicht schwer, mich gedanklich wieder im Raum wiederzufinden. Ich hielt die Atemübungen ein und war, wie noch nie, in einen völlig entspannten Modus verfallen. Manchmal vergaß ich, wo ich war. Die Augen hatte ich stets geschlossen. Dann wieder fiel es mir ein und ich konzentrierte mich weiter auf meine Atemübungen. Ich legte jeglichen Druck ab und ließ mich völlig treiben. Die vergangene Erinnerung hatte ich seit Jahren nicht mehr gehabt. Der Moment der Entspannung hatte mir überraschenderweise dabei geholfen, eine frühere angenehme Erinnerung hervorzuholen, die ich längst vergessen geglaubt habe. Am Anfang glaubte ich noch nicht, dass ich es schaffen würde, so wenige Atemzüge machen zu können. Doch je entspannter mein Körper wurde, desto einfacher fiel es mir.

Probleme: Es hat eine Weile gedauert, sich zu entspannen und in die Meditation hereinzukommen, aber es war nicht schwer, immer wieder in den Raum zu finden und die Meditation zu Ende zu führen. Die zehn Minuten sind schnell vergangen. Ich muss einen anderen Alarm setzen, denn ich bin hochgeschreckt, als dieser anging. Er sollte ruhiger in das Hier und Jetzt zurückführen.

Schlusswort

Die emotionale Intelligenz kann in den verschiedensten Lebensbereichen weiterhelfen, ob Sie nun im Beruf, in der Freundschaft, innerhalb der Familie, in der Liebe oder in einem sonstigen Bereich Ihres Lebens mehr Selbstkontrolle haben möchten. Es ist wichtig, dass Sie wissen, was Sie möchten und woran es liegt, wenn Menschen Sie schlecht oder nicht angemessen behandeln.

Wie bereits vorher angemerkt, müssen Sie ausprobieren, was Ihnen dabei hilft, mehr über sich selbst und Ihre Vorlieben zu erfahren. Im heutigen

Zeitalter wird es immer schwieriger, sich auf die eigenen Fähigkeiten und Bedürfnisse zu fokussieren. Nie ist die Flucht vor der Realität so einfach und unkompliziert gewesen wie in der heutigen Zeit. Menschen verlieren sich in sozialen Medien, in Filmen oder in nie endenden Geschichten. Ohne ein Gefühl dafür, was gut und was schlecht für Sie ist, werden Sie dieser Realitätsflucht ausgesetzt sein. Daher sollten Sie sich unbedingt Räume und die Zeit schaffen, um sich selbst zu finden. Es geht im Leben nicht darum, wie Sie anderen gefallen können. Es geht darum, wie Sie die beste Version Ihres Selbst werden und ein glückerfülltes und zufriedenes Leben führen können.

Wenn Sie glücklich sind, können Sie auch andere Menschen glücklicher machen. Sie sind nicht mehr anfällig für Beschimpfungen, Mobbing und die Launen des Alltags. In einer immer mehr vernetzten Welt ist es wichtig, sich zurechtzufinden und Ängste abzubauen, denn die Angst kapselt Sie vor Möglichkeiten und einmaligen Chancen ab. Wenn Sie wissen, was Sie leisten können und vor allem auch wollen, verstehen Sie besser, was Ihnen im Beruf fehlt oder gefällt. Oft werden Sie denken, dass Sie für all das hier keine Zeit haben, doch wenn Sie irgendwann völlig unzufrieden, müde und kraftlos innehalten und sich fragen, was Ihnen fehlt, kann es schwer werden, eine Antwort zu finden. Am besten ist es, in einem neutralen oder guten Gemütszustand mit Konflikten der Vergangenheit oder auch mit Sehnsüchten und Wünschen umzugehen, darüber nachzudenken und an sich zu arbeiten. Sie werden nicht getrübt sein von Ihrer Stimmung und viel einfacher zu Lösungen finden. Sie müssen diesen, Ihren Weg, nie allein gehen.

Leben Sie den Menschen, die Ihnen wichtig sind, vor, wie gut es Ihnen tut, über sich selbst nachzudenken. Ehe Sie sich versehen, werden sich einige dieser Reise anschließen. Es gibt Seminare zur Persönlichkeitsentwicklung. Falls Sie das Gefühl haben, dass Sie einen Anstoß brauchen, sind diese hervorragend dafür geeignet. Sie bekommen weiteres theoretisches Grundwissen zur emotionalen Intelligenz. Wichtiger ist jedoch, dass Sie in Gruppen Übungen durchführen zu Ihren persönlichen Eigenschaften. So haben Sie die Möglichkeit, von anderen ein differenziertes Bild zu Ihrem Selbst zu bekommen. Da Sie alle dieselbe Motivation teilen, an sich selbst arbeiten zu wollen, kann Ihnen dies sehr weiterhelfen. Je mehr Sie über sich selbst Bescheid wissen, desto weniger Orientierung suchen Sie bei anderen Menschen. Sie wissen, was Sie brauchen, wofür Sie stehen, wonach Sie sich sehnen und woran Sie arbeiten müssen. Völlig immun werden Sie gegen Verletzungen nicht, aber Sie werden besser darauf vorbereitet sein. Wenn Sie dabei sind, an Ihrer emotionalen Intelligenz zu arbeiten, werden Ihnen Ziele und Wünsche in den Sinn kommen, die eher etwas mit dem klassischen Intelligenzbegriff zu tun haben. Doch wie Sie nun wissen, widersprechen sich diese nicht. Es wird eher die Möglichkeit geschaffen, an Ihrem gesamten Selbst zu arbeiten.

Um Ihnen die Bedeutung der emotionalen Intelligenz noch einmal mit den Worten von Daniel Goleman vor Augen zu führen, hier ein Zitat von ihm:

„Wer Erfolg im Leben haben will, muss klug mit seinen Gefühlen umgehen können und das emotionale Alphabet beherrschen. Was nützt ein hoher IQ, wenn man ein emotionaler Trottel ist?"
(Goleman, 1995).

Herstellung und Verlag:

BoD – Books on Demand, Norderstedt

ISBN: 9783751932042

1. Auflage

Kontakt: Psiana eCom UG/ Berumer Str. 44/ 26844 Jemgum

Covergestaltung: Fenna Larsson

Coverfoto: depositphotos.com